Ama Fleud-Floyd

Allgemeine

Psyche

Relativitätstheorie

***.

Buch 2

***.

Lehre der Psychologie

***.

***.

Lehre

der Psychose

als die Anti-Angst

und

als Grundlage des

Bewusstseins

***.

Für Gott, meine Eltern und die Welt

***.

 An meine geliebten Eltern -

Sie zeigten mir das ewige Muster der Menschheit.

***.

***.

„Und der größte von ihnen ist die Liebe"

***.

***.

Hier beginnt als letzte aller
Wissenschaften die Wissenschaft der
Psyche.

***.

***.

Vorwort

***.

***.

 Die wahre Wissenschaft beginnt mit einer Definition des Gegenstandes ihrer Studien. Die Pseudowissenschaft gibt eine mehr

oder weniger interessante Geschichte,
aber keine Definition.

 Es gibt Millionen von Büchern und
Werken, die sich mit der Psyche und ihren
Störungen befassen. Haben Sie jemals in
einem von ihnen eine Definition der
Psyche getroffen? Eine weltweit gültige
Definition?

 Der Rest ist Stille?

 Entscheiden Sie, nachdem Sie alle Bücher
dieser Arbeit gelesen haben.

 ***.

 ***.

Definition

 Die Psyche ist ein Prozess eines gegenwärtigen symbolischen Austauschs zwischen dem Subjekt der Psyche und ihrer gegenwärtigen Umgebung (subjektive Definition).

 Die Psyche ist ein Prozess eines gegenwärtigen symbolischen Austauschs zwischen zwei Subjekten der Psyche (objektive Definition).

***.

***.

***.

1.

In meiner Arbeit erkläre ich diese
Definition. Meine Definition der Psyche
definiert sie als dynamisches Phänomen.
Nicht statisch, da die Psyche bis jetzt
verstanden und beschrieben wurde.

2.

Mit anderen Worten, alle statischen Beschreibungen der Psyche sind nur Metaphern. Dies bedeutet, dass in Wirklichkeit die gesamte bisherige Psychologie-Sprache, angefangen bei Freuds Werken und Millionen von Büchern anderer Autoren, als eine Art Poesie und natürlich nicht als wissenschaftliches Schreiben angesehen werden sollte! Es wurde jedoch bis jetzt buchstäblich verstanden! Und so hat eine falsche Wissenschaft die Zivilisation und Millionen leidender Menschen in die Irre geführt.

3.

In der Zwischenzeit ist es absurd, dass eine für jeden so offensichtliche Aussage wie eine große Entdeckung klingt, dass die Psyche kein beobachtbares Objekt ist.

Niemand hat es jemals gesehen! Wir
können es also weder beobachten noch
als Objekt beschreiben.

4

 Dieses Absurde ist absurder als die
Situation vor Kopernikus in Bezug auf die
offensichtliche allgemeine Beobachtung,
dass sich die Sonne am Himmel bewegte.
Jeder konnte es mit eigenen Augen sehen.
Und dennoch war Copernicus der einzige,
der diese gemeinsame Beobachtung in
Frage stellte.

5.

 Tatsächlich war es die Erklärung von
Copernicus, was absurd war! In gewisser
Weise wurde die Erklärung von
Copernicus, die der beobachtbaren

Tatsache widersprach, von der damaligen Wissenschaft zu Recht abgelehnt. Die Wissenschaft vor ihm hatte einen beobachtbaren Beweis dafür, was sich bewegte und was nicht. Dennoch konnte der letzte Beweis nur diejenigen von uns erhalten, die die Erde vom kosmischen Raum aus sehen konnten. Dies bedeutet, dass die Beobachtung als Grundlage aller Wissenschaft jedoch nicht ausreicht, um entscheidend zu sein. Der Standpunkt der Beobachtung ist entscheidend.

II

1.

Die Erdoberfläche war ein falscher
Gesichtspunkt, um zu entscheiden, ob sich
die Sonne um die Erde bewegte oder
umgekehrt. Bis zum 20. Jahrhundert war
dies jedoch der einzig zugängliche
Gesichtspunkt. Bis zu kosmischen Reisen

war die Beobachtung, dass sich die Sonne um die Erde bewegt, völlig gerechtfertigt.

2.

Mit meiner Arbeit möchte ich zeigen, dass es bei der Psyche auch um die Sichtweise geht.

3.

Bis jetzt wurde die Psychologie auf dem statischen Standpunkt der Psyche gegründet. Die Psyche wurde von Freud, dem Begründer der Psychologie des 20. Jahrhunderts, als statisches Objekt beschrieben. Es wurde von ihm auf typisch statische Weise in Teile geteilt, wie: „Ego", „Über-Ich", „Es", „Bewusstsein", „Unterbewusstsein". Es war eine Art magische Welt mit ihren

rätselhaften statischen Strukturen, eine
Welt von Objekten, die dem täglichen
Leben der Menschen völlig fremd sind.
Und damit die Notwendigkeit eines
Übersetzers, der ein Psychotherapeut sein
soll. Ein Klient geht davon aus, dass der
Psychotherapeut die rätselhafte Welt der
Psyche kennt und sie in einer Sprache
beschreiben kann, die jeder versteht.

4.

Dieser Ansatz ähnelt stark der
Funktionsweise der spirituellen Gruppen.
Sowohl bei der bisherigen Psychologie als
auch bei spirituellen Gruppen gibt es eine
Gruppe von Menschen, die das „heilige"
Wissen über die Psyche bzw. die spirituelle
Welt „kennen", und es gibt den Rest der
Menschen, die es wissen nichts oder weiß

nur so viel, wie diejenigen, die „wissen",
es ihnen sagen werden. Zwei Welten:
Kreuzbein (die Welt, zu der nur diejenigen
Zugang haben) und Profanum (die Klienten
derer, die es wissen).

5.

Was ist eigentlich dieses „heilige" Wissen
über die Psychologie von bisher?

 Es ist eine erfundene und immer wieder
neu erfundene Geschichte über das
Kreuzbein - eine rätselhafte Welt der
Psyche, in der nichts sicher ist, alles
möglich ist und die wichtigste Rolle von
denen gespielt wird, die „wissen", einem
Kunden eine Geschichte zu erzählen die
Psyche.

III

1.

Die größten Geschichtenerzähler der bisherigen Psychologie waren wie Freud diejenigen, deren Geschichten die originellsten und ... seltsamsten waren.

Warum seltsam? Weil das „Kreuzbein" nicht so banal sein kann wie das „Profanum", wenn sie klar voneinander getrennt sein sollen. Ohne diese Trennung gäbe es keine Notwendigkeit für diejenigen, die „wissen". Dies erklärt, warum die bisherige „Psychologie" noch nicht zu einer Wissenschaft geworden ist.

2.

Die Wissenschaft ist ein Zerstörer des Kreuzbeins, weil die Wissenschaft die Gesetze entdeckt, um die Welt zu verstehen. Und die Welt, die von den Gesetzen regiert wird, ist nicht länger rätselhaft. Auf diese Weise wird das Kreuzbein zum Profanum. Folglich sind diejenigen, die „wissen", überflüssig. Die Naturgesetze zu kennen und logisches

Denken anzuwenden, reicht aus, um in der profanen Welt voranzukommen. Jeder kann es schaffen.

3.

Deshalb sind diejenigen, die in der bisherigen „Psychologie" „wissen", die letzten, die versuchen, Gesetze zu etablieren und bekannt zu machen, die die Psyche regieren (falls sie sie zufällig entdecken). Ein Tag, an dem die Psyche zur Wissenschaft wird, wird ihr letzter Tag sein. Sie werden jedoch vor jedem wirklichen Versuch, die Psychologie zur Wissenschaft zu machen, kämpfen.

4.

Wenn es um die Psyche geht, akzeptiert jeder aus eigener Erfahrung die Tatsache, dass sie existiert. Die Frage ist nur, dass niemand es jemals mit den Augen als beobachtbares Objekt sehen konnte. Trotzdem akzeptiert jeder seine metaphorischen Beschreibungen, als wären sie die eines beobachtbaren Objekts. Warum?

5.

Denn bis jetzt hatten die Leute keine Wahl! Das gleiche wie bis Copernicus. Es gab keine Alternative. Die Leute glauben an das, was Autoren schreiben. Sie erhalten die Alternative zur Beschreibung der Psyche von bisher in die Hände.

IV

1.

 Was können wir also über die Psyche
sagen? Wissenschaftlich gesehen kann
nur das beobachtet werden. Wie das
Beispiel von Copernicus zeigt, ist die
Beobachtung selbst natürlich keine
Garantie dafür, dass das, was wir sehen,
das ist, was wir sehen. Bei der Psyche ist
es jedoch genau umgekehrt wie bei
Copernicus. Weil die Beobachtung von
bisher nichts sieht!

2.

Bis zu kosmischen Reisen konnte ein
wissenschaftliches Verfahren, das auf der
Beobachtung beruhte, die die
unabdingbare Voraussetzung für die
wahre Wissenschaft ist, die Berechnungen
von Copernicus nicht akzeptieren. Auch

wenn sie mathematisch gesehen korrekt und plausibel aussahen. Mit anderen Worten, Copernicus lieferte 400 Jahre vor der Beobachtung aus Sicht des kosmischen Raums mathematische Argumente dafür, dass die Beobachtung aus Sicht der Erdoberfläche falsch war.

3.

Meine Rolle in der Geschichte der Psyche-Erforschung ist die Umkehrung der Rolle, die Copernicus bei der Erforschung des Kosmos spielt.

4.

Kopernikus mit mathematischen Argumenten bewies nämlich, dass die Beschreibung der Beobachtung der Sonnenbewegung am Himmel nur ein

Deckmantel des Wahren war. Und der Fehler dieser falschen Beobachtung bestand in einem falschen Standpunkt der Beobachtung der Sonnenbewegung.

5.

Ich wiederum versuche mit meinen logischen, biologischen, physikalischen, chemischen und evolutionären Argumenten zu beweisen, dass die Beschreibung der in Kraft befindlichen Psyche, die auf keiner Beobachtung beruht, auch nur ein Deckmantel des Wahren ist. Eine Gestalt, die genauso erfunden ist wie vor Kopernikus.

V.

1.

Eines springt jedoch in die Augen.
Menschen vor 2000, 1000 und 400 Jahren
schienen bessere Denker zu sein als
Menschen heute! Warum?

Diese alten Menschen, auch wenn sie in
ihrer Beschreibung der Sonnenbewegung
falsch sind, werden durch das Argument
der Beobachtung zu ihren Gunsten
entschuldigt.

Die Menschen des 20. Jahrhunderts
wiederum glauben an eine Beschreibung

der Psyche, die auf dem Argument der Nichtbeobachtung beruht ...

2.

Meine Rolle an diesem Wendepunkt der Psyche-Erforschung besteht darin, die Ära der Beschreibungen der Psyche zu stoppen, die auf keiner Beobachtung beruhen. Um diese Beobachtung zu ermöglichen, musste ich nach einer Möglichkeit suchen, die Psyche zu beobachten. Und diese Möglichkeit könnte gefunden werden, aber nicht dort, wo Millionen und Abermillionen von Menschen sie nicht vor mir gefunden haben. Es konnte nicht in der statischen Dimension der Realität gefunden werden.

3.

Mein kopernikanischer Durchbruch
bestand darin, meinen Standpunkt zur
Psyche-Beobachtung von der statischen
Dimension der Realität auf die dynamische
zu verlagern. Und dieser Akt machte den
Unterschied. Ich konnte endlich
beobachten und definieren, was die
Psyche ist. Definition der Psyche in der
Hand, könnte ich die Wissenschaft der
Psyche beginnen.

4.

Und was beobachtet werden kann, ist ein
dynamisches Phänomen. Der dynamische
Prozess!

Diesen dynamischen Prozess nenne ich in
meiner Definition der Psyche den
aktuellen symbolischen Austausch! Es

bedeutet, dass es nicht möglich ist, über die Psyche einer Person zu sprechen. Es existiert nicht. Was existiert, ist nur die Psyche als momentaner aktueller symbolischer Austausch. Es bedeutet, dass die Psyche einer Person eine Folge von unendlich kleinen momentanen symbolischen Austauschen ist, genauso wie das Licht die Folge von unendlich kleinen Lichtphotonen ist.

 Aus diesem Grund kann die Psyche als Prozess gestört werden, kann aber natürlich nicht krank sein (!) Und aus diesem Grund (nicht der einzige) lautet der Titel dieser Arbeit:

„Allgemeine Psyche-Relativitätstheorie".

5.

(Natürlich finden Sie in dieser Arbeit immer noch Ausdrücke, die an die Ära der statischen Psyche-Beschreibungen erinnern (zwei Pole, interpolarer Raum, ...).

Ich konnte jedoch nicht anfangen, über die Psyche in einer Sprache zu schreiben, die Sie, mein lieber Leser, bereits auf den ersten Seiten nicht verstanden haben. Aus einem sehr einfachen Grund: Niemand vor mir schrieb über die Psyche als über ein dynamisches Phänomen wie das Licht oder die Zeit.

Sie fragen sich vielleicht, warum ich der einzige bin, der die Psyche als Phänomen und nicht als Objekt behandelt. Die Antwort ist einfach. Weil ich die Psyche nie gesehen habe und nie gehört habe, dass es jemand getan hat. Trotzdem

existiert es! Die Schlussfolgerung ist eine:
Es ist ein dynamisches Phänomen.)

Lehre

1.

Die unerwartete Psychose der
vormenschlichen Affen erwies sich als
Beginn des Bewusstseins. Es war also
etwas sehr Kreatives und Belebendes. Es

war ein Heilungsakt der Natur. Wenn es so war, warum sollte es heute nicht sein?

2.

Es scheint, dass wir seine restaurative Dimension noch nicht verstanden haben. Da die Psychose das Bewusstsein geschaffen hat, ist das letztere nur eine Emanation des ersteren.

3.

Der leere interpolare Raum der Zeit kurz nach dem Auftreten der Angstmutation und dem Auftreten der bipolaren Psyche begann sich nur dank der depressiven

Psychose der Uraffen mit psychologischem
Material zu füllen.

Es war die Psychose, die dieses Material
erzeugte. Und sein erstes Produkt war das
Auftreten eines psychologischen Gefühls
der Art der Selbstreflexion, das sich von
dem neurologischen Gefühl unterscheidet,
das allen Tieren seit den frühen Stadien
der Evolution innewohnt.

4.

Die neurologische Empfindung gibt den
Tieren ein Gefühl von Berührung, Schmerz,
Temperatur und Vibration. Es ist also ein
körperliches Gefühl. Und es ist nur
anscheinend dem mentalen Gefühl
ähnlich. Letzteres wird nicht von Tieren
besessen.

5.

Und hier, denke ich, höre ich eine große Aufregung unter denen, die diese Worte lesen: "Wie kommt es, dass Tiere kein mentales Gefühl haben?! Totaler Unsinn! Jeder, der zu Hause ein Haustier, eine Katze oder einen Hund hat, weiß es sehr gut dass Tiere auch abwechselnd traurig und glücklich sind. Das psychologische Gefühl ist ihnen also nicht fremd! "

II

1.

Was wir nun bei Tieren sehen, ist ein reiner, ungestörter Ausdruck des emotionalen Pols, der auf jeden Fall für die emotionale Sinuskurve verantwortlich ist, die allen Tieren, einschließlich des Menschen, innewohnt.

Ich sage ungestörten Ausdruck, weil im interpolaren Raum (da Tiere nur einen psychischen Pol haben, ist dieser Raum von einer Seite endlos) eine Leere in Tieren ist. Deshalb ist es für uns so einfach, tierische emotionale Zustände zu beobachten.

2.

Und was die Tatsache betrifft, dass Katzen, Hunde und andere höhere Tiere eine Traurigkeit, eine Freude, eine

Neugier, eine Langeweile, eine Feindseligkeit und eine Freundschaft zeigen, habe ich keinerlei Zweifel. Nun, da bin ich mir zusammen mit Tierliebhabern so sicher, dass ich sogar die Tierpsyche nenne - die unipolare Psyche. Es ist wegen des emotionalen Pols in ihrer Psyche, dem Pol, der für alle höheren Tiere außer dem Menschen der Höhepunkt der Entwicklung der Psyche ist.

3.

Wie unterscheidet sich mein Verständnis der emotionalen Zustände der Haustiere vom Verständnis ihrer Besitzer über diese Zustände? Oder vielleicht, wie wir gleich sehen werden, geht es nicht um einen Unterschied im Verständnis, sondern um

das Verständnis, was der Ausdruck dieser
Zustände ist?

4.

Nun, das Erscheinen der ursprünglichsten
und primitivsten Materie im interpolaren
Raum der vormenschlichen Affen
verursachte etwas, das noch nie in der
Tierwelt aufgetaucht war und nie wieder
auftauchen wird und nur für den
Menschen spezifisch sein wird.

Weder der emotionale Pol noch der
Angstpol werden fortan in der Lage sein,
das Verhalten dieser vormenschlichen
Wesen auf eine Weise zu kontrollieren, die
zu 100% direkt, aufrichtig und naiv ist, wie
es bei den unipolaren Tieren ist.

5.

Dieses Ereignis ist so wichtig, dass wir damit den Beginn der Existenz des historischen Menschen datieren sollten. Das ist kaum überraschend! Die Erscheinung welcher menschlichen und einzigen menschlichen Eigenschaft könnte angemessener sein, um diesen Moment als den Beginn der Existenz der Menschheit als von der Tierlichkeit getrennt zu erkennen, als die Erscheinung des Bewusstseins?

III

1.

Und hier werden die ersten Fragmente
des Bewusstseins in Form der Keime des
Gefühls, die infolge der Urpsychose
geboren wurden, zu einem Hindernis im
interpolaren Raum für Emotionen, die
vom emotionalen Pol der Psyche
ausgehen.

2.

Wir wissen bereits, dass die ersten Teile
der interpolaren Materie ein Gefühl des
Glücks und ein Gefühl der Hoffnung
waren. Lassen Sie uns einen Blick darauf
werfen, was passiert, wenn der
Energiestrom vom emotionalen Pol auf
seinem Weg auf Krümel der interpolaren

Materie in Form von Samen des Glücks oder Samen der Hoffnung trifft.

3.

Wenn die emotionale Energie positiv ist, wird sie durch die Begegnung mit dem Glück auf dem Weg weiter gestärkt.

Was wird passieren, wenn es sich um eine negative Energie handelt (Traurigkeit, Enttäuschung, Hass)?

In einem solchen Fall wird ein Teil der Energie, die vom emotionalen Pol kommt, um das Glücksgefühl zu treffen, von diesem absorbiert, was zu einem schwächeren Ausdruck der negativen Emotion führt.

4.

Selbst die vormenschlichen Affen verwenden unwissentlich das erste Urmaterial des interpolaren Raums, das aus der ersten Psychose hervorgegangen ist, das Material des Glücksgefühls, um sich der zerstörerischen Kraft des emotionalen Pols zu widersetzen.

5.

Die gleiche negative emotionale Erregung, die vom emotionalen Pol bei den Tieraffen ausgeht, wird daher immer einen radikaleren äußeren Ausdruck haben als bei den vormenschlichen Affen. Denn im letzteren Fall wird diese Stimulation vom interpolaren Material absorbiert. Andererseits wird die positive Emotion bei den vormenschlichen Affen und beim Menschen immer stärker zum Ausdruck kommen als bei den geistig unipolaren Tieren.

IV

1.

Und das ist die Rolle des interpolaren Materials oder des Bewusstseins. Die Rolle, die im Laufe der Entwicklung der Menschenaffen und dann des Menschen an Stärke und Vielfalt gewinnt.

Das Bewusstsein aufgrund seines Ursprungs aus der Urpsychose wird von Anfang an als Quencher der negativen Energie verstanden, die aus den Angst- und emotionalen Polen der menschlichen

Psyche kommt, und als Verstärker der positiven Energie, die aus der emotionalen abgeleitet wird Pole. Und das ist seine einzige Aufgabe.

2.

Natürlich klingt es paradox und für viele auch ikonoklastisch, dass sich Psychose als Grundlage der menschlichen Psyche herausstellt. Darüber hinaus scheint es sogar so, als ob das durch die Urpsychose ausgelöste Bewusstsein als Produkt eine Art Psychose ist. Versuchen wir, eine solche Hypothese zu betrachten.

3.

Beginnen wir also mit den Erklärungen. Was meine ich mit Bewusstsein?

Bewusstsein ist das interpolare Material der Psyche in Form von Gefühlen, Worten und Gedanken.

Unter dem Begriff Psychose verstehen wir die Aktivität des interpolaren Materials, in dem Wörter, Gedanken und Gefühle unabhängig von den Polen der Psyche und von allen äußeren Reizen werden.

4.

Ist das nicht brillant (wie alle Naturmechanismen)?! Wenn Angst als ein Freak der Natur erschien, ist die Psychose das Heilmittel dafür. Wir alle stammen also aus der Psychose.

5.

Abstraktes Denken ist nichts anderes als nur eine Art psychotisches Denken, d. H. Unabhängig von inneren Einflüssen (Angst und emotionalem Pol) und äußeren Einflüssen (Umwelt und Welt um uns herum).

V.

1.

Natürlich muss die Stärke der Psychose bei vormenschlichen Affen anders sein als bei modernen Menschen. Ersteres hatte ein sehr geringes Potential des interpolaren Raums oder Bewusstseins. Es gab dort noch keine Worte oder Gedanken, nur die ältesten ersten Gefühle, wie das oben erwähnte Gefühl des Glücks und seines Gegenteils und das Gefühl der Hoffnung und seines

Gegenteils. Schlechte Psychose, obwohl einfach, aber auch maximal wirksam.

2.

Im modernen Menschen, und ich meine den Mann seit mindestens einigen Dutzend, wenn nicht mehreren hunderttausend Jahren, wird die Kraft der Psychose bereits die Kraft einer Atombombe haben. Der alte Mechanismus der Psychose, der von der Natur initiiert wird, funktioniert jedoch trotz seiner offensichtlichen Unwirksamkeit und sogar Destruktivität im Fall des modernen Menschen weiter.

3.

Das Eintreten des enormen Potenzials von Wörtern, Gedanken und Gefühlen, isoliert von den Psyche-Polen und von der Umwelt, ist verantwortlich für dieses erschreckende Bild der modernen Menschenpsychose, in der der interpolare Raum beginnt, sein eigenes Leben isoliert von der Realität zu leben. dh isoliert von der Realität der emotionalen Angst-Bipolarität der Psyche und der Realität der umgebenden Welt.

4.

Beachten Sie, dass sich die so definierte Psychose noch nicht von der Definition des ungestörten Bewusstseins unterscheidet!

Jetzt ist das "normale" Bewusstsein nur ein sozial wünschenswerter Zustand der primären Psychose.

5.

Das Bewusstsein ist daher ein Untertyp der Psychose. Und die Geschichte der Menschheit ist die Geschichte der Nutzung ihres wachsenden Potenzials. Ein langer Prozess der Erziehung und des Lernens dient diesem Zweck. Wir versuchen, aus dem Chaos des interpolaren psychotischen Raums seit den Anfängen der Menschheit und seit der Geburt jedes einzelnen menschlichen Lebens herauszukommen, indem wir die Fähigkeit üben, dieses Chaos so effizient wie möglich zu organisieren. Natürlich immer nur für einen Moment.

VI

1.

  Seit dem Moment, in dem die menschliche Psyche begann, isoliert von jeglichen Realitäten zu funktionieren, dh seit der Zeit der Urpsychose der menschlichen Primaten bis zum heutigen Tag, der Zeit des kosmischen Menschen, verbessert sich die menschliche Spezies im Schwierigen Kunst, die Psychose zu nutzen. Und das Ergebnis dieser Kunst ist das Bewusstsein. Diese Kunst absorbiert die ganze Aufmerksamkeit und Konzentration einer Person. Weil es extrem schwierig ist!

2.

Für eine Löwin ist es viel einfacher, Aufmerksamkeit zu konzentrieren und Wild zu jagen, als für einen Menschen, den Konzentrationszustand aufrechtzuerhalten, der für die Bildung eines geordneten Gedankens erforderlich ist. Darüber hinaus nimmt das Potenzial des interpolaren Raums mit zunehmendem Alter zu, indem das Spektrum an Wörtern, Konzepten, Gedanken und Gefühlen erweitert wird. Die Schwierigkeit, diese ursprüngliche

Psychose zu kontrollieren, nimmt ebenfalls zu.

3.

Beachten wir, dass wir in der Kindheit, insbesondere in der frühen und frühesten Kindheit, kein Problem mit der Psychose haben. Je weniger Material sich im interpolaren Raum befindet, desto einfacher ist es, die primäre menschliche Psychose zu organisieren.

4.

Dies wird auch durch die soziologische Beobachtung bestätigt, die deutlich zeigt, dass in Gesellschaften mit niedrigem Bildungsniveau oder in Berufsgruppen mit vorherrschendem physischen Arbeitsprofil die Häufigkeit der beobachtbaren und

daher destabilisierten Psychosen geringer
ist als in Gesellschaften mit hohem
Bildungsniveau Bildungsniveau oder in
den Berufsgruppen der sogenannten
Intellektuellen.

5.

  Das gleiche gilt für die gesamte
Geschichte. Seit der universellen
Aufklärung hat die Anzahl der
psychotischen Dekompensationen im
Vergleich zur Zeit vor der Aufklärung stetig
zugenommen. Und die moderne Zeit,
besonders auf der Nordhalbkugel, ist ein
Theater einer echten psychotischen
Hekatombe.

VII

1.

So viel? Unglücklicherweise. Vielleicht haben wir dieses Problem bisher minimiert, indem wir die psychotische Dekompensation als typisch nur für die sogenannte schizophrene Psychose mit charakteristischem totalen Chaos von Gedanken, Wörtern und Gefühlen betrachten (anstelle des veralteten Begriffs schizophren sollten wir den Begriff chaotische Psychose verwenden).

2.

Inzwischen sind andere Arten der psychotischen Dekompensation gleich oder sogar noch weiter verbreitet. Einige von ihnen sind äußerst gefährlich für die Umwelt, wie die psychotische

Dekompensation des scheinbar geordneten Typs, d. H. Die sogenannte Paranoia. In diesem Fall haben wir es wie bei jeder Psychose gleichzeitig mit der vollständigen Unabhängigkeit des dritten Elements (interpolarer Raum, dh Wörter, Gedanken und Gefühle) von den internen Faktoren (Angst und emotionale Pole) und den externen Faktoren (Umwelt) zu tun Erhaltung der Fähigkeit, das Material des Interpolarraums zu organisieren. Darüber hinaus ist diese Reihenfolge viel akribischer und präziser als bei der Psyche mit dem erhaltenen Einfluss der psychischen Pole und der Umwelt!

3.

 Eine geordnete psychotische Dekompensation (bisher als paranoische

Psychose bezeichnet) ist aus Sicht der Psyche-Wirtschaft eine großartige Lösung!

Ist es nicht eine großartige Idee, einfach unabhängig von all diesen internen und externen Einflüssen zu werden und gleichzeitig die Fähigkeit zu bewahren, das dritte Element zu organisieren, insbesondere angesichts der Unfähigkeit, mit Angst und Emotionen sowie mit der Umwelt umzugehen?

Dieses Verfahren ist vorteilhaft, da es viel einfacher ist, das Material des dritten Elements zu organisieren, wenn es unbeweglich ist. Und so ist es, wenn der dynamisierende Einfluss der Pole der Psyche und der Umwelt beseitigt wird.

4.

Ich glaube, dass die überwiegende Mehrheit der Menschen mit diesem Prozess fertig werden muss. Die Kultur des Individualismus begünstigt die Ausbreitung der geordneten psychotischen Dekompensation. Und wer weiß, vielleicht ist es nicht die Ursache, sondern die Wirkung der Ausbreitung dieser Funktionsweise der menschlichen Psyche.

5.

In jedem Fall ist die moderne Geschichte, insbesondere die Geschichte nach der Aufklärung, eine Geschichte, die durch die psychotische Dekompensation eines geordneten Typs geschrieben wurde. Es ist eine psychologische Formel, die sich vor allen anderen Formen der geistigen Funktionsweise durchsetzt.

VIII

1.

Mit anderen Worten, die meisten von uns präsentieren mehr oder weniger konsistente Formen dieser Störung, und an der Spitze aller sozialen, beruflichen und politischen Hierarchien stehen diejenigen von uns, für die diese Dekompensation die entscheidende und radikalste Form der Trennung von allen inneren angenommen hat und äußere Einflüsse.

2.

Und da wir von Menschen geführt werden, die von der Realität und von ihren

eigenen Emotionen und Ängsten
abgeschnitten sind, ist es nicht schwierig,
die schrecklichen Früchte dieses Zustands
zu finden.

   Die Kriege des 20. und 21. Jahrhunderts
brachen nicht von alleine aus. Hinter
jedem von ihnen standen nur eine
Handvoll Leute. Und das demokratische
System fördert leider diejenigen von uns,
die sich auf perfekteste Weise von der
inneren und äußeren Realität abschneiden
und so die politische Macht ergreifen
können.

3.

Das Rezept für die Vernichtung der Menschheit wird jetzt verwirklicht, weil es nichts Gefährlicheres gibt als diese beiden Konzepte zusammen: Demokratie und gegenseitiger heftiger Wettbewerb zwischen Menschen, die auf geordnete Weise psychotisch dekompensiert werden (paranoisch).

4.

Grundsätzlich gibt es drei psychische Strategien in der Haltung der modernen Menschheit.

Die erste, immer häufiger vorkommende ist die oben erwähnte geordnete psychotische Dekompensationsstrategie.

Die zweite ist die ungeordnete psychotische Dekompensationsstrategie. Dieses Formular wird in den psychiatrischen Krankenhäusern behandelt. Im Gegensatz zu der ersten, die nicht nur von der Öffentlichkeit als unangemessen oder gestört angesehen wird, sondern sogar gefördert zu werden scheint.

5.

Die Besetzung der höchsten Ränge in der sozialen, beruflichen und politischen Hierarchie durch fast ausschließlich Personen, die die erste Art der Dekompensation aufweisen, ist der Beweis für ihren soziologischen Erfolg.

IX

1.

  Dank des blinden demokratischen Mechanismus werden Menschen mit der dramatischsten psychotischen Dekompensation des geordneten Typs, anstatt aus dem sozialen Kreislauf ausgeschlossen zu werden, im Gegenteil an die Spitze gehoben. Kein Wunder also, dass mit solchen Vorteilen diese Dekompensation jetzt und in Zukunft noch häufiger wird, da sie für die gegenwärtigen

sozialen Bedingungen am besten geeignet
ist.

2.

Und schließlich der dritte Typ der
menschlichen psychischen Strategie, so alt
wie die Menschheit selbst. Noch älter als
der erste Typ. Es ist eine natürliche
Strategie, die auf lange Sicht die
schwierigste, oft zu schwierige ist und sich
daher häufig in die erste oder zweite
Strategie verwandelt. Dies ist eine
Strategie, mit der wir gleich zu Beginn ins
Leben treten.

3.

Es besteht in der freien Koexistenz der
drei Elemente der Psyche und dem Fehlen
jeglicher Barriere in beiden Richtungen

zwischen jedem der Elemente. So dringen die Angst und die emotionalen Pole mit ihrer Energie frei in den interpolaren Raum ein, und die äußere Umgebung unterhält auch einen ungestörten symbolischen Austausch mit ihm.

4.

An dieser Stelle sollte angemerkt werden, dass es angemessen erscheint, die Umwelt ohne Übertreibung das vierte Element der menschlichen Psyche zu nennen. Wie ich in meinen früheren Arbeiten gezeigt habe, ist es ein psychisches Element von größter Bedeutung für das ausgewogene Funktionieren der menschlichen Psyche. Darüber hinaus ist es ein Element, ohne das eine natürliche psychische Strategie unmöglich wäre!

5.

Der symbolische Austausch mit der Umwelt, d. H. Der Kommunikationsakt, war seit Beginn seiner Existenz die einzige Quelle, um das Potenzial des dritten Elements zu bereichern. Im Falle einer toxischen Kommunikation ist dies natürlich auch eine Quelle für den Schaden und die Funktionsstörung des dritten Elements.

X.

1.

Die natürliche psychische Strategie ist im Gegensatz zu den beiden anderen, die stagnieren, eine Entwicklungsstrategie. Daher ist es das einzige, das wir bei Kindern und Jugendlichen induzieren sollten, d. H. In der Zeit des Erwerbs neuer und der Erweiterung bereits bestehender geistiger Kompetenzen.

2.

Interessanterweise erwarten wir mehr von den Kindern als von den Erwachsenen. Denn im letzteren Fall ist es oft zu spät, geschlossene, stagnierende Strategien wie die ersten beiden mentalen Strategien - strukturierte und ungeordnete Dekompensationsstrategien - zu verlassen.

3.

Das ist natürlich nur eine Theorie. In der Praxis werden ältere und ältere Eltern, die an der geschlossenen, geordneten Strategie festhalten, diese Strategie unwissentlich einführen oder sogar ihren jugendlichen Nachkommen aufzwingen. Dieses Phänomen gewinnt erst mit fortschreitender Geburt an Bedeutung.

4.

Die Rekonstruktion der Prozesse der Psyche-Evolution seit dem Auftreten der Angst vor der Entwicklung des gegenwärtigen menschlichen Bewusstseins findet ihr Echo auch in der individuellen Entwicklung der Psyche.

5.

Wir kennen diese Tatsache der Wiederholung der nachfolgenden Evolutionsstadien in der physischen Entwicklung der Organismen. Wie sich wahrscheinlich viele von uns aus dem Biologieunterricht erinnern, "verarbeiten" die evolutionär höheren Tiere in der pränatalen Phase nacheinander die Entwicklungsstadien der Tiere aus den unteren Ebenen der evolutionären Entwicklung, bevor sie ihre endgültige physikalische Form erreichen, die für eine bestimmte Art charakteristisch ist die Zeit der Geburt. Gleiches gilt für die geistige Entwicklung, die ich in meinen früheren Arbeiten ausführlich beschrieben habe.

XI

1.

Aus diesem Grund ist die Angst das menschlichste psychologische Merkmal und das älteste, das jeder Mensch besitzt, der nicht von der häufigsten Form abweicht.

2.

Wie Sie sehen können, versuche ich, den Begriff "normale Psyche" nicht zu verwenden, da tatsächlich nur das normal ist, was bei einer bestimmten Tierart am häufigsten vorkommt. Die Angst selbst kann kaum als etwas Nettes, Gewünschtes und daher Normales bezeichnet werden, und doch ist sie die Grundlage der Psyche eines jeden Menschen und daher trotz allem die Norm.

3.

Aufgrund der Mehrdeutigkeit des Wortes "Normalität" möchte ich es jedoch nicht verwenden, wenn es weniger mehrdeutig ist, den Begriff "am häufigsten" zu verwenden. Diese Abneigung gegen das Wort "normal" wird noch verständlicher, wenn wir uns der Frage nach der Prävalenz individueller psychischer Konstitutionen zuwenden.

4.

Das Bewusstsein kann von der Angst (und den Emotionen) ablenken und muss daher notwendigerweise von der gleichen Natur sein wie die Angst.

So wie Sie Ihre Augen nicht mit einem Geräusch ablenken und mit der Berührung von einem Geruch ablenken können, wäre die gesamte Bewusstseinsarbeit, die Aufmerksamkeit von der Angst abzulenken, nicht effektiv, wenn das Bewusstsein und die Angst (sowie die Emotionen) wären etwas anderes. In der Zwischenzeit zeigt die obige Überlegung, dass sie genau gleich sind!

5.

  Evolutionär gesehen ist dies kaum überraschend. Das Auftreten der Angst eröffnete eine neue Stufe in der Entwicklung des Lebens auf der Erde. Und alles, was folgte, musste am Anfang verwurzelt werden. Das Bewusstsein ist also die evolutionäre Fortsetzung der Angst und eine Form der Angst, ihre fortgeschrittenere Form. Wenn ja, ist es an der Zeit zu versuchen zu verstehen, was diese Angst und damit das Bewusstsein sind.

XII

1.

In meiner Definition der Angst, die in früheren Arbeiten beschrieben wurde, argumentiere ich, dass die Angst physiologisch das gleiche Phänomen wie die Angst ist, mit dem Unterschied, dass die Angst die Reaktion des Körpers auf eine unmittelbare, sichtbare Bedrohung ist und die Angst dieselbe Mobilisierung ist Reaktion, aber ohne physisch vorhandene Gefahr, ohne Bedrohung.

Natürlich ist in der Alltagssprache und in der Sprache der bisherigen Psychologie die Angst auch ein Name für die Angst. Ich hoffe jedoch, dass Sie von nun an wissen werden, zwischen der Angst als Angst und der Angst als Angst zu unterscheiden.

2.

Angst als Angst ist daher die erste Form der Abstraktion, die im Übergang zwischen

der Welt der Tieraffen und der
vormenschlichen Affen auftrat.

Das Unbekannte zu fürchten ist die
älteste Abstraktion der menschlichen
Spezies. Dies ist eine Verhaltensangst.
Aber ist es möglich, noch weiter zu gehen
und zu versuchen, die Angst auf
physischer oder sogar molekularer Ebene
zu identifizieren?

3.

Es ist nicht schwer zu vereinbaren, dass
die Angst das Ergebnis der Funktion aller
Nervenzellen im Gehirn aller Zellen ist.
Darüber hinaus ist es eine kontinuierliche
Funktion während der Wachphase.

4.

Das Grundwissen über die Nervenzellen
reicht aus, um es unmöglich zu machen,
dass sie kontinuierlich und auf einmal
Stimulation über den synaptischen
Übergang senden können. Es ist aus
einem einfachen Grund unmöglich. Die
Neurotransmitterversorgung im
synaptischen Terminal des Neurons wird
erschöpft und es ist eine Frage der Zeit, bis
es sich erneuert.

5.

Wie wir wissen, hört die Angst,
insbesondere in den Zuständen ihrer
gestörten Kontrolle, nicht einmal für einen
Moment auf, auch nicht für den kürzesten

Moment. Die einzige Befreiung ist ein Schlaf, aber das kommt einfach nicht wegen der Angst!

XIII

1.

  Außerdem könnte, wenn alle Gehirnneuronen ständig damit beschäftigt wären, Angst über die Synapsen zu erregen, keine der höheren Funktionen des Gehirns, wie Denken, Fühlen, Bewegen der Muskeln, um nur die wichtigsten zu nennen, stattfinden, weil die Synapsen dies tun würden von den Angstentladungen "besetzt" sein. Die Angstfunktion des Gehirns muss daher einen anderen als den synaptischen Weg einschlagen. Und so gibt es! Darüber hinaus ist es der Wissenschaft bereits seit über hundert Jahren unwissentlich bekannt!

2.

Der Wissenschaft ist seit so langer Zeit bekannt, dass das Gehirn wie das Radio oder der Fernsehsender elektromagnetische Wellen erzeugt. Es ist nicht verwunderlich, wer die Physiologie der Zellen der Lebewesen kennt.

Jeder, der sich daran erinnert, weiß, dass der Energieaufwand mittels einer Natrium-Kalium-Pumpe zur Polarisierung der Zellmembran, die den Zellinhalt umhüllt, den Löwenanteil des Energieverbrauchs lebender Zellen ausmacht. Eine solche Polarisation, die den Vorteil der positiven Ladung außerhalb der Membran und den Vorteil der negativen Ladung innerhalb der Zelle aufrechterhält, ist eine Bedingung für das

Zellleben. Weil es notwendig ist, seine lebenswichtigen Funktionen aufrechtzuerhalten.

3.

Jede Zelle ist daher mit einer ATPase-Natrium-Kalium-Pumpe ausgestattet, die im Falle ihres Verlustes (Depolarisation) das elektrische Potential der Transmembran wiederherstellt (repolarisiert). Dies ist in allen lebenden Zellen der Erde der Fall, sowohl in Pflanzen als auch in Tieren. Dies gilt sowohl für einzellige als auch für mehrzellige Organismen.

Aber es gibt Zellen in der Natur, die aus dem Depolarisations-Repolarisations-Prozess der Zellmembran ihre

Hauptbeschäftigung gemacht haben. So wie die Hauptaktivität des Zytoplasmas der Leberzellen die Metabolisierung der im Darm absorbierten Nahrung ist und die Hauptaktivität des Zytoplasmas der Magensekretionszellen die Produktion von Verdauungsenzymen ist, so arbeiten die Nervenzellen hauptsächlich mit ihrer Zelle Membranen.

Der Effekt ihrer Arbeit ist die Leitung der Erregung von einer Nervenzelle zur anderen. Die Anregung und die anschließende Leitung des elektrischen Impulses erfolgen nicht anders, sondern genau dadurch, dass die Polarität der Zellmembran (Depolarisation) der nächsten Zelle (Neuron) durch Anregung gestört wird.

4.

Die Depolarisation einer einzelnen Zellmembran ist ebenfalls über die Zeit verteilt. Die Zelle kann für eine Weile nicht wieder depolarisieren. Aber es ist ein unvergleichlicher Moment, viele, viele Male kürzer als die Zeit, die eine Synapse benötigt, um sich zu erholen.

Bei der Depolarisation der Zellmembran entfernt die Natrium-Kalium-Pumpe fast sofort die kleinsten auf der Welt vorhandenen Elemente, Natriumionen, aus der Zelle und lässt dieselben kleinen Kaliumionen in einem solchen Verhältnis ein, dass wiederum der Vorteil der

Positive Ladungen befinden sich außerhalb der Membran und der Vorteil negativer Ladungen innerhalb der Zellen.

5.

Der Wiederaufbau der exzitatorischen Bereitschaft der Synapse ist viel länger, da es einige Zeit dauert, bis sich im präsynaptischen Ende eine ausreichende Anzahl synaptischer Mediatoren angesammelt hat. Und dies sind komplizierte Chemikalien wie Acetylcholin, Adrenalin und andere, deren Herstellung einige Zeit in Anspruch nimmt.

Aus diesem Grund kann die Angst nicht von einem physikalischen Phänomen materieller Natur herrühren, das den

Gesetzen der Newtonschen Physik unterliegt.

Tatsächlich ist es die gleichzeitige Depolarisation von Millionen, Abermillionen von Neuronen, die die Quelle der elektromagnetischen Welle ist!

***.

***.

***.

Definition

Die Psyche ist ein Prozess eines gegenwärtigen symbolischen Austauschs zwischen dem Subjekt der Psyche und ihrer gegenwärtigen Umgebung (subjektive Definition).

Die Psyche ist ein Prozess eines gegenwärtigen symbolischen Austauschs zwischen zwei Subjekten der Psyche (objektive Definition).

***.

***.

***.

Merken!

Exordium

ich

1.

Wenn ich das Leben wilder Tiere betrachte, bin ich immer wieder erstaunt über ihre Überlebenskraft. Ob in sibirischen Frösten oder in den Tropen, ganz zu schweigen von gemäßigten Zonen, alle Tiere sind so perfekt mit der Natur harmoniert, dass sie im Laufe ihres Lebens kaum jemals krank werden. Sie werden nur im Alter krank, und das ist das Alter bei den Tieren.

2.

Mittlerweile ist der Mann als einzige Spezies unter Säugetieren eine äußerst empfindliche Spezies in Bezug auf die Gesundheit und leidet daher an jeder Krankheit und ständig während des gesamten Lebens. Warum? Wozu? Was ist der Sinn davon?

3.

  Es scheint, dass wir die Antwort auf diese Frage in den Ursprüngen der menschlichen Spezies suchen müssen. Ich habe sie in meinen bisherigen Arbeiten bereits ausführlich im Zusammenhang mit der Entwicklung der Psyche des Mannes beschrieben. Und es stellt sich heraus, dass die Tendenz des Mannes, krank zu werden, unerwartet eng mit der Frage der menschlichen Psyche zusammenhängt!

4.

Ich habe in meiner Arbeit viele Male die These bewiesen, dass die Natur die Angstmutation als äußerst gefährlich für die Tiere und damit für die vormenschlichen Affen erkannte.

Darüber hinaus gibt es Hinweise darauf, dass die Natur die Angstmutation als definitiv katastrophal ansah. Der Hauptgrund war nicht die Zerstörung der Psyche. Unerwartet stellte sich heraus, dass die Angst für den Körper gefährlicher war als für die Psyche! Kurz gesagt, die Zerstörung des Organismus durch die Angst ist genau die Somatose.

Da die Angelegenheit bis in die primäre Psychose zurückreicht, werden wir von nun an den Begriff der primären Somatose verwenden.

5.

Was genau ist das Phänomen der primären Somatose?

II

1.

Nun, die Angst, im physischen Sinne eine kontinuierliche spontane elektromagnetische Gehirnwellenemission durch kontinuierliche Stimulation des zentralen und autonomen Nervensystems zu sein, wirkt sich auf den gesamten Körper aus, indem die Neurotransmitter und endokrinen Substanzen in das Blut freigesetzt werden.

2.

Eine solche ständige Stimulation (mit Ausnahme des Schlafes) ist zwangsläufig extrem energieintensiv, und das mag die Natur auf lange Sicht nicht. Die Energie ist für die Natur von unschätzbarem Wert, und deshalb bedeutet der

Evolutionsprozess auch, für einen freien Zugang zu den Energiequellen zu kämpfen und deren Verlust zu begrenzen.

3.

Darüber hinaus stört eine solche ständige sinnlose Angststimulation des gesamten Organismus den Verlauf physiologischer Prozesse aller Organe und Systeme des Organismus, insbesondere des Immunsystems.

4.

Daher musste die Natur keinen zusätzlichen Mechanismus aktivieren, um Personen mit der Angstmutation zu eliminieren. Sie eliminierten sich durch erhöhte Morbidität, durch die primäre Somatose.

5.

Mit anderen Worten, die primäre Somatose ist ein kontinuierlicher Prozess, der durch die Angst ausgelöst wird und die physiologischen Funktionen des Körpers stört, was zu einer Abnahme der Immunität des Organismus und folglich zu einer Krankheit führt.

III

1.

Im Gegensatz zu den absurden Thesen einiger psychologischer Kreise war und wird die Krankheit niemals eine "Ausdrucks- und Kommunikationsweise" sein. Im psychischen Sinne ist Krankheit ein völlig unsinniges Phänomen, und es ist Ausdruck einer totalen Märchenschrift, die auf dem bisher nichtwissenschaftlichen Gebiet der sogenannten Psychologie so leicht praktiziert wird.

2.

Die menschlichen organischen Krankheiten sind die erste Folge der Angst. Sie sind die physische Folge der Angst und sollten von Anfang an die Angst-Individuen aus der Rasse der Evolution und der weiteren Geschichte des Lebens auf der Erde eliminieren.

Und es gab Bedingungen, unter denen diese Individuen aufgrund der Seuche der Krankheiten, die sie befielen, tatsächlich verschwanden.

Der Mechanismus der primären Somatose ist eine Falle ohne Ausweg: Die Angst stört die physiologischen Prozesse des gesamten Organismus und infolgedessen nimmt seine Immunität ab.

3.

Deshalb leiden alle anderen Tiere kaum an Krankheiten, leben unter extremen Klima- und Wetterbedingungen, oft kalt, hungrig, überhitzt usw. ... Die physiologischen Prozesse in ihrem Körper werden nicht gestört! Deshalb sind weder Regen noch Kälte noch Hunger für sie gefährlich!

4.

Und der Mann ist so zart, so zerbrechlich. Ein paar Minuten im Regen und der Mann ist krank. Jemand niest in der Nähe und der Mann ist krank ...

5.

Lassen Sie uns übrigens den Mythos eines gesunden Lebensstils entlarven, der bei modernen Menschen so beliebt ist, um ihre Gesundheit zu retten. In der Tat wäre es sinnvoll und effektiv, alle Bedrohungen für die menschliche Gesundheit wie biologische, chemische und physikalische Bedrohungen zu vermeiden, wenn nicht der Mann einen Mechanismus der primären Somatose in die Gene eingebettet hätte.

IV

1.

Die Tatsache, dass wir am Leben sind, ist nicht das Ergebnis eines gesunden Lebensstils, da es für die Somatose keine Bedeutung hat.

Wenn ja, warum leben wir und sind tatsächlich dazu verdammt, von Beginn unseres Rennens an zu verschwinden?

Es gibt nur eine Erklärung. Dahinter steckt ... ein Wunder!

Was ein Wunder?

Das Wunder der primären Psychose.

2.

Die primäre Psychose ist eine Idee für eine solche Aberration der Angstpsyche, so dass diese Psyche aus der Angstüberlastung hervorgehen kann, bevor die Evolution das Bewusstsein so stark entwickelt, dass das Bewusstsein die Angst überwinden konnte. Vor der primären Psychose trat das Phänomen der

Somatose im Verlauf der Evolution als erste Folge der Angst auf.

3.

Inzwischen ist Somatose die gleiche Aberration in der Funktion des menschlichen Körpers wie die Psychose im Fall der menschlichen Psyche! In beiden Fällen handelt es sich um die De-Realisierung des funktionalen Sinns des Prozesses.

4.

Und so wird im Fall der primären Psychose der psychologische Prozess so unwirklich, d. H. Von der Realität losgelöst, dass sich die Psyche auf eine höhere als die reale Funktionsebene, auf eine symbolische Ebene bewegt. Auf dieser

Ebene wird der Angst die katastrophale Schädlichkeit ihrer physischen Dimension entzogen, und in der symbolischen Dimension wird die Angst zu einem Faktor, der ein kreatives symbolisches Leben inspiriert.

5.

Was ist mit Somatose? Hier wird der reale physiologische Prozess durch einen unwirklichen, nicht physiologischen Prozess ersetzt, d. H. Einen Prozess, der von der Medizin als Krankheitsprozess definiert wird. Wir können daher zu Recht eine Analogie zwischen dem unwirklichen Prozess, der als Krankheitsprozess der Körperfunktionen bezeichnet wird, und dem unwirklichen Prozess, der als

Psychose der Psychefunktionen bezeichnet wird, erkennen.

 Während sich die Psychose als äußerst wertvolle Leistung für die menschliche Spezies herausstellt, eröffnet sie eine neue Dimension der Existenz - die symbolische Dimension; Die Frage, ob Somatose auch Sinn macht, ist äußerst riskant.

 Lassen Sie es uns klar sagen. Alle menschlichen Krankheiten sind nichts als Somatosen!

 Und ein Krankheitsprozess jeder Krankheit ist nichts anderes als eine von der physiologischen Realität losgelöste Funktion eines bestimmten Organes des Körpers. Und selbst im Fall einer exogenen Krankheit beschränkt sich der Einfluss eines externen Faktors darauf, die Derealisierung des physiologischen Prozesses zu induzieren, und damit auf das, womit wir es bei einer endogenen Krankheit zu tun haben. Die Analogie zwischen Psyche und Somatik ist also perfekt!

Abkürzungen

AB Angstblocker

AEA Angst-emotionale Wachsamkeit

AEI Angst-emotionale Intelligenz

CP Cyclic Polysymbolicity

CS Childishness Syndrom

EP Episodische Psychose

ESE Externes Selbstwertgefühl

Externer symbolischer ESEx-Austausch

gP / S genetische Polysymbolizität / Schizophrenie

iP / S-induzierte Polysymbolizität / Schizophrenie

ISE Internes Selbstwertgefühl

Interner symbolischer ISEx-Austausch

LI Logic Intelligence

KKW Negative Primärpsychose (Depression)

PSPM Parallel Symbolic Psyche Me

PRNL-Programm zur Rückkehr zum normalen Leben

PSEx Parallel Symbolic Exchange

SBM Symbolic Brain Me

SE Selbstachtung

SEx Symbolischer Austausch

SP Simultane Polysymbolizität

SPM Symbolic Psyche Me

SSPM Schlaf Symbolische Psyche mich

T1h Typ 1 der Menschheit (ohne Selbstentfernung zur primären Psychose)

T2h Typ 2 der Menschheit (mit Selbstentfernung zur primären Psychose)

T3h Typ 3 der Menschheit (Zwischentyp zwischen T1h und T2h)